LETTRE
D'UN
PHILOSOPHE,
SUR LE SECRET
DU GRAND OEUVRE.

Ecrite au sujet des Instructions
qu'Aristée à laissées à son Fils,
touchant

LE MAGISTERE

PHILOSOPHIQUE.

Le Nom de l'Auteur est en Latin
dans cet Anagramme.

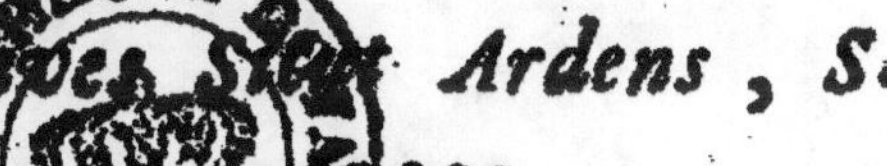

Ves Sieur Ardens, S.

A PARIS,

Chez LAURENT D'HOURY, ruë
S. Iacques, devant la Fontaine
S. Severin, au S. Esprit.

M. DC. LXXXVIII.

Avec Privilege du Roy.

Par limojon de Saint-
Didier

AVERTISSEMENT
DU
LIBRAIRE.

Ien que cette Lettre Philosophique n'aìt esté écrite, que pour répondre a la demande d'un amy ; neanmoins m'étant tombée entre les mains, & les plus habiles Connoisseurs en la matiere qui en fait le sujet, l'ayant trouvée pleine de remarques curieuses, solides & tres-importantes pour ceux qui s'appliquent à la recherche du grand Oeuvre : J'ay crû que les vrais Philosophes me sçauroient bon gré du dessein que j'ay eu de leur en faire part.

Ie n'ay rien à expliquer icy du sujet de cette Lettre ; cela se voit dés la premiere periode. Ie diray seulement, pour ceux qui jusques icy n'ont pas connu Aristée, que c'est un Ancien Philosophe, dont Herodote fait mention dans son quatriéme Livre, Chapitre premier. Il raconte plusieurs grandes choses qu'il en a oüy dire dans les villes de Cizique, & de Prochonese, & si tout ce qu'il en rapporte est veritable, il faut qu'Aristée ait vécu pour le moins quatre cens ans, par le secours de la medecine universelle, ainsi qu'on assure de quelques autres Philosophes, qui, selon le rapport de Roger Baccon, dans le Livre des Oeuvres admirables de la Nature, & selon le témoignage de Para-

celſe, ont vécu bien plus long-
temps qu'Ariſtée.

Comme ce qu'il nous a laiſſé
par écrit, ne porte pas moins le
caractere d'un parfaitement hon-
neſte homme, que d'un tres-ſçavant Philoſophe ; je n'ay pas
douté qu'on ne fût fort aiſe de
voir ſes propres paroles à la fin
de cette Lettre en la même Langue qui les a fait paſſer iuſques
à nous ; mais pour la ſatisfa-
ction de ceux qui ne pourroient
pas les entendre en Latin ; j'ay
pris ſoin d'en faire faire une
fidele traduction qui rend parfaitement le ſens des paroles
d'Ariſtée, leſquelles ſont veritablement pleines de myſtere.

Cette Traduction eſt de mot à
mot ; mais comme la perſonne
qui s'eſt bien voulu donner la
peine de la faire, a toute la pe-

netration requise en de telles
matieres ; je suis persuadé que
ceux qui sont curieux sur ce sujet, auront lieu d'en estre satis-
faits.

I'espere aussi qu'on approu-
vera la methode qu'on a suivy
dans l'impression du texte & de
la traduction d'Aristée, qui a
esté d'opposer le François au Latin, & de le diviser pour ce
sujet en autant de passages qui
font un sens complet, afin qu'on
puisse plus facilement en voir
le rapport, & examiner les
deux textes avec moins de
peine.

LETTRE D'UN PHILOSOPHE,

Sur le secret du grand Oeuvre écrite au sujet des Instructions qu'Aristée a laissées à son Fils, touchant le Magistere Philosophique.

'AY reçû, Monsieur, la Lettre que vous m'avez fait l'honneur de m'écrire, depuis voftre retour en Pologne. Je vous en fuis fenfiblement obligé, comme d'un témoignage indubitable de voftre amitié ; je ne manqueray pas de lire tout auſſi-toſt l'écrit d'Ariſtée traduit de la Langue Schite en Proſe Latine rimée , & comme vous me l'avez envoyé, pour ſçavoir mon ſentiment ſur la matiere dont il traite ; je vous diray avec toute l'ingenuité qui ſe pratique entre les Philoſophes , que j'ay eſté charmé du ſtile ſingulier, & des raiſonnemens d'Ariſtée ; mais je ne l'ay pas trouvé moins jaloux du ſecret du grand œuvre, que l'ont eſté tous les autres qui en ont écrit. Ie ne fais pas difficulté de croire que les grandes choſes qu'on dit de luy , mais particulierement ſur la foy de ſon écrit, qu'il a poſſedé ce treſor ineſtimable ; cependant il s'ouvre encore moins ſur les premiers agens & ſur la pratique , que n'ont fait Arthephius, l'Abbé Sineſius, Arnaud de Ville-Neuve , Pontanus, Flamel, Paracelſe, & pluſieurs autres Philoſophes Anciens & Modernes.

Comme vous m'avez fait connoiftre, en paffant icy, que vous
étiez perfuadé que la rofée, ou
l'efprit de l'air eftant comme cette liqueur, qui felon le langage
Philofophique , provient des
rayons du Soleil & de la Lune,
qui contient le principe qui fait
vegeter toute la nature ; & fans
lequel perfonne ne peut vivre, on
pouvoit, & même on devoit croire, que cette matiere univerfelle
eft le vray principe , le premier ê-
tre des eftres, & cet air fubtil qui
leur donne la vie & la nourriture,
felon ce que dit Ariftée , dau-
tant que nous ne voyons point de
matiere dans la nature , qui qua-
dre mieux à toutes les expreffions
des Philofophes , *eâ utitur om-*
nis creatura , dit le Cofmopolite , & par confequent vous jugez
qu'ayant ces grands avantages, il
faut que cette matiere à l'exclu-
fion de tout autre , foit cette eau
Celefte, & ce Mercure des Philofophes.

A confiderer les écrits des fages nuëment, & à les prendre à la lettre, il femble qu'il y ait un folide fond:ment dans cette opinion ; cependant il ne me fera pas difficile d'en faire voir l'équivoque, & de vous convaincre du contraire, fi c'eft-là en effet voftre fentiment ; j'aurois pour ce fujet un grand nombre d'Auteurs à vous citer ; mais ce feroit entrer dans une grande difcution, fans neceffité, puifque vous les avez tous lûs. Je me contenteray donc de vous faire faire reflexion fur ce que quelques.uns des plus grands Philofophes nous ont dit de plus pofitif, touchant les principes de cette fcience fecrete.

Souvenez vous, Monfieur, que les Philofophes conviennent touchant les premiers principes, qu'il faut laiffer à part tout ce qui fuit au feu, & qui s'y confume, tout ce qui n'eft point d'une nature, ou du moins d'une origine metallique. Confiderez qu'il faut une cau permanante, qui se congele au feu, tant par elle-même, que conjointement avec les corps parfaits, aprés les avoir radicalement dissouts. Donnez aprés cela à la pure rosée, ou à la seule liqueur tirée de l'air par elle-même, telle preparation, & telle forme qu'il vous plaira, par toutes sortes d'artifices, vous serez obligez d'avoüer au bout du compte, que dans tous ces procedez, il y a plus de curisité, que de solidité, & qu'il n'est point au pouvoir de l'homme de changer la nature d'un estre, ny de faire d'un principe universel, si toutefois on pouvoit l'avoir tel, un estre particulier, il n'y a que la nature qui le puisse faire elle-même.

Les Auteurs que j'ay citez, & une infinité d'autres, peuvent aisément persuader cette verité à tout homme de bon sens : mais je ne dois pas passer sous silence Basile Valentin, j'avoüe que je luy suis redevable d'une grande partie des plus solides lumieres que j'ay acquis dans cette divine science. Voyez comme il parle dans ses douze clefs, & sur tout dans la seconde : mais voyez particulierement ce qu'il dit dans le petit traité qu'il a écrit, *de rebus naturalibus & supernaturalibus*, aux Chapitres des esprits des métaux. Il montre en termes clairs, quels corps il faut joindre & détruire, pour obtenir cette liqueur spirituelle si recherchée de tous les Philosophes.

Il se peut faire neanmoins aprés cela, que vous croirez encore pouvoir faire quadrer vostre pretendu principe unique & general, avec le sentiment de quelques-uns des plus solides Philosophes, & je vois bien qu'Aristée vous plaist plus qu'aucun autre, parce que vous jugez qu'il établit absolument vostre matiere pour la seule & vraye matiere philosophique ; mais je veux bien ne me servir

que des propres paroles de cet
Auteur, pour vous faire voir tout
le contraire de ce que vous vous
figurez ; j'espere même qu'apres
cela vous tomberez d'accord,
qu'Aristée est tout-à-fait éloigné
d'entendre parler simplement de
l'air, sous quelque forme qu'on
luy puisse donner, par aucun artifice, si ce n'est de cette admirable maniere dont le Cosmopolite
dit que l'eau Philosophique est ex-
traite des rayons du Soleil & de la
Lune.

Vous sçavez que je serois assez
bien fondé de prendre les paroles d'Aristée dans un sens misterieux, quand je n'aurois d'autre
raison pour cela, que parce que
c'est une verité reçûë de tous
ceux qui ont quelque connoissance des Auteurs du grand Oeuvre,
sçavoir que les Philosophes pro-
testent eux-mêmes, qu'ils ne nom-
meront jamais de leur veritable
nom, les premiers agens, ou les
principes : si quelques uns l'ont

neanmoins fait, ça esté d'une certaine maniere plus propre à donner à entendre aux simples toute autre chose, que ce qu'ils nous ont dit. Il est donc constant que les Philosophes ne doivent pas estre entendus selon le sens litteral, & qu'ils sont tous generalement sujets à interpretation, lors même qu'ils semblent parler le plus clarement ; mais pour ne me servir que de vostre Aristée, voicy des Argumens tirez de luy-même qui sont plus précis & qui vous feront estre de mon sentiment.

Alimenta omnia (dit-il) *fontem attestantur;*

Cùm ex eo vivant res, unde nutriantur.

Piscis aquâ fruitur, infans matrem fugit.

Per vitam, principium cognoscitur rerum;

Vita rerum aër est, ergo principium rerum.

Selon ce Philosophe, chaque estre vit d'une nourriture qui est propre & specifiée pour son essence & pour sa nature, & cette espece de nourriture nous fait voir qu'elle est son origine : comme donc la nourriture de l'animal est toute differente de celle de la plante, & que celle de la plante ne l'est pas moins de celle des mineraux & des metaux, il est par consequent indubitable, que l'origine de tous ces differens êtres, a des principes tout differens, & qu'un même & simple air n'est point la vie, & la nourriture de toutes les diverses especes d'estres qui sont dans la nature ; cela ne souffre point de replique ; si ce n'est que vous voulez remonter jusqu'au premier cahos, duquel Dieu a formé toutes choses. Mais vous n'ignorez pas, que ce n'est pas de ce cahos que le Philosophe doit tirer ses principes.

D'où vient donc, Monsieur,

que des mêmes principes d'Ariftée, je tire une conſequence toute contraire à celle qu'il ſemble tirer luy-même ? cela ne vient, comme vous allez voir, que de l'é-
quivoque du terme air, dont il
s'eſt ſervi pour cacher le miſtere
aux profanes, car vous remarque-
rez que chaque eſpece d'eſtre a une
eſpece d'air, qui eſt ſa vie, ſon
principe & ſa nourriture, c'eſt en
ce ſens qu'Ariſtée parle avec beaucoup de fondement : en effet la
nourriture, ainſi que le principe de
chaque eſtre, de quelque eſpece
qu'il ſoit, n'eſt-ce pas une eſſence d'une nature toute aëriene ? ne
faut-il pas que l'eſtomach de l'a-
nimal change par la digeſtion, la
nourriture groſſiere qu'il prend,
en une vapeur ſubtile qui ſe con-
denſe en un ſuc viſqueux & nu-
tritif dans toutes les parties qui
en ſont entretenuës, pareil à ce
même ſuc tout ſpirituel, qui eſt le
principe de ſa generation. L'humeur de la terre n'eſt-elle pas

changée de la même sorte dans la plante, par la vertu du germe qui est dans la semence ? n'est-il pas constant aussi que la vie & la nourriture des mineraux, & des metaux dans les entrailles de la terre, est un air & une vapeur grasse empreinte de soulfre metallique ? c'est cet air, & cette vapeur grasse & mercurielle qui est le sujet de la recherche de tous les Philosophes ; parce qu'en elle reside la vie, le principe, l'efficace de ler · Mercure que leur pierre produit, & qui produit leur pierre.

Comme ce seroit vouloir s'aveugler à plaisir, que de dire que cette substance aëriene, qui est la vie des plantes, des animaux & des metaux, est veritablement & sans aucune difference, ce même air qui environne la terre, ou bien une autre substance qu'on pourroit en tirer & preparer par quelque artifice tout extraordinaire ; nous devons tomber d'accord, que les veritables Philosophes di-

sent toujours vray, lors qu'on les
sçait interpreter avec un grain de
sel. Le sens que je viens de donner à Aristée, est si naturel, qu'il
se donne à luy-même cette interpretation ; lorsqu'il donne en même
temps occasion aux simples d'entendre tout autre chose.

Piscis aquâ fruitur, infans ma-
trem fugit.

Pour nous avertir par là, (comme je viens de dire) que la même
difference qu'il y a entre la nourriture de chaque espece d'estre, se
trouve aussi dans leur vie & dans
leur principe, auquel il ne donne ce nom général & univoque
d'air, qu'à cause de l'Analogie,
qu'il y a entre l'air que nous res-
pirons, & la substance aëriene,
qui est l'ame, la vie & la nourriture differente de chaque espece
d'estre ; c'est-là, Monsieur, la
pensée d'Aristée, & de peur que
nous en doutions, il l'explique en-

core plus clairement en termes exprés.

Reparari attamen una creatura,
Cum nequeat, nisi in propria na-
turâ.

Il n'y a point de verité dans toute la Philosophie mieux établie que celle-là. Comment seroit-il donc possible de meliorer un métail autrement, que par une substance metallique tres-pure & exaltée à son dernier degré de parfaite teinture, & de fixité, par une longue decoction dans la liqueur mercurielle que les Philosophes décrivent ? Il faut donc entendre avec Aristée, & tous les autres semblables Auteurs, que cet air, ou cette essence aëriene dans laquelle consiste toute la puissance de chaque estre, se doit chercher en premier lieu pour le grand Oeuvre dans les corps metalliques, & c'est en quoy on voit que tous les Philosophes s'accordent, lors qu'on veut se donner la peine de mediter profonde-ment sur ce qu'ils nous ont vou-lu dire, ou plûtost ce qu'il plaist au Ciel de développer les tenebres de nos entendemens, pour voir à découvert les mysteres de la natu-re; mais sçachez, Monsieur, qu'il ne faut jamais vouloir estre trop sage: car comme la nature est tou-te simple, ses operations ne con-sistent pas dans les subtilitez que l'esprit va s'imaginant continuelle-ment.

Bien que quelques Philosophes asseurent qu'il est plus difficile de trouver la matiere, que de la pre-parer; je vous dis en verité, Mon-sieur, qu'il est beaucoup plus diffi-cile aux enfans de l'Art, de pre-parer la matiere que de la trou-ver; car c'est dans ces operations, que consiste le Magistere de la science. Vous pouvez l'apprendre du même Auteur, qui a nean-moins dit ailleurs le contraire de la verité que je vous avance, d'au-

tant qu'il avouë enſuite, que *Soluto
ſulphure , lapis erit in promptu.*
Mais quel eſt le procedé de cette
ſolution ? Si je vous le laiſſe à de-
viner, vous y réverez aſſeurement
long-temps ſans le pouvoir découvrir ; car tous les Philoſophes font
generalement profeſſion de le ce-
ler, & voſtre Ariſtée ne le cache
pas moins ſoigneuſement que les
autres.

*Eſt clavis aurea (dit-il) ſcire
 aperire
Fores , & aëre aërem hau-
 rire ,
Ignorato ſiquidem quomodo piſcatur
Aër, impoſſibile eſt quod acqui-
 ratur
Id, quod morbos ſingulos, & uni-
 verſales
Sanat, &c.*

Il ſe garde bien de découvrir
la maniere d'ouvrir ces portes, de
faire l'air des Philoſophes , & de

tirer l'air de l'air ; sans quoy toutefois, il est impossible de réüssir dans l'Alchimie ; il se contente seulement de recommander une seconde fois , de bien apprendre ce grand Art.

> *Disce ergo , fili mi , aërem captare ,*
> *Disce clavem auream naturæ servare.*

Je ne pense pas , Monsieur, que vous croyiez qu'Aristée ait ingenuëment revelé le secret des sages dans le procedé qu'il a décrit ensuite. Vous avez trop de lumieres , pour ne pas voir qu'il ne parle qu'allegoriquement quand il conseille de recüeillir l'air condensé autour d'un vase par le moyen de la neige , ou de la glace ; d'en remplir autant de vaisseaux qu'on voudra ; d'en mettre dans un œuf philosophique ; de le sceller hermetiquement ; & de le faire passer par tous les regimes.

Vous sçavez fort bien que de tout cela, il ne s'en peut rien faire de bon : mais aussi je ne sçay si vous penetrez le mistere, qui est contenu dans cette allegorie, & si vous entendez ce que signifient cette neige, cette glace, cet air condensé, cet oiseau qui prend l'oiseau ; je puis du moins vous asseurer que ces termes signifient tout autre chose, que ce qu'ils semblent signifier. Aristée luy-même vous avertit que ces termes renferment un grand mystere : car il dit,

Nosce aërem possunt creatura ?
At captare aërem, clavis est natura.

Ce seroit en effet une chose bien aisée, s'il n'y avoit qu'à condenser de l'air, par le moyen de la neige ou de la glace, même aux rayons du Soleil en plein midy, pendant les plus grandes chaleurs ;

c'est pourquoy ce Philosophe ajoûte en même temps avec beaucoup de raison.

Secretum hoc magnum est, &
superhumanum,
Ex aëre sumere celeste arca-
num.

C'est veritablement un secret qui passe la portée ordinaire de l'esprit de l'homme : toutefois Aristée fait faire sur cela une reflexion de laquelle dépend tout le secret du grand Oeuvre, & s'il ne le découvre pas mieux que les autres Philosophes, il en dit toutefois assez, pour détourner de toutes vaines imaginations les enfans de l'Art, & pour faire connoître aux adeptes, qu'il possede comme eux ce grand tresor.

Piscis pisce capitur, volucrisque
avi,
Aër quoque capitur aëre suavi.

Remar-

Remarquez bien ces paroles, elles renferment tout le fecret de l'air des Philofophes que le Cofmopolite nous expofe fous le nom de l'aiman Philofophique ; lorfqu'il dit, *aër generat magnetem, magnes verò generat, vel facit apparere aërem noftrum* ; c'eft-là (dit-il) l'eau de noftre rofée, de laquelle fe tire le falpetre des Philofophes, qui nourrit, & qui fait croître toutes chofes ; il en faut donc venir touchant cet air, au principe que je viens d'établir, chercher cet admirable aiman, cet air qui prend l'air, & ne pas oublier que la matiere des Philofophes monte premierement de la terre au Ciel, puis elle redefcend du Ciel en la terre, & reçoit ainfi la force des chofes fuperieures & inferieures ; car ce qui eft en bas, eft comme ce qui eft en haut, & ce qui eft en haut, eft comme ce qui eft en bas. C'eft l'oracle infaillible du veridique Hermes.

Vous voyez par là, Monfieur,

combien on est éloigné des veritables principes du grand Oeuvre; lors qu'on s'applique à chercher seulement une essence simple, universelle & commune généralement à tous les êtres, dans l'esperance de pouvoir par elle-même la specifier & identifier à la nature metallique. Une pareille essence ne se peut trouver dans la nature, il n'est pas même moins impossible de se la figurer, qu'il l'est de comprendre la matiere premiere d'Aristote, ou une substance sans forme, propre à recevoir toutes les formes ; car dés que vous aurez pû comprendre cette matiere universelle, & que vous luy aurez donné par consequent une forme, elle cessera d'estre universelle, & ainsi elle deviendra inutile à vostre dessein. Il faut donc suivre le conseil des Philosophes, laisser là la matiere éloignée, & prendre premierement la matiere prochaine, la purifier par la corruption, en tirer l'ame & l'essence par

le feu, & ensuite l'ame de l'ame,
& par ce moyen l'air de l'air & la
quinte essence dans laquelle reside
la vertu & l'énergie de la pierre.
Notez bien cela.

De sorte, Monsieur, qu'il n'est
pas étonnant qu'aprés dix, vingt
& trente années d'experience,
on soit souvent aussi peu avancé,
que le premier jour, dans la connoissance des veritables principes,
ou du moins dans celle de leur
veritable preparation ; c'est à dire,
de la maniere d'extraire cet air,
& cette eau benite si estimée de
tous les Philosophes : mais pour
ne pas vous laisser sans conclusion,
ou du moins sans vous donner
quelques lumieres plus particulieres de ce grand secret, voicy touchant les deux points principaux
quelques remarques importantes ;
vous pourrez les avoir déja faites
aussi bien que moy ; mais il pourra
estre aussi que vous n'y aurez pas
fait les mêmes reflexions.

Les premiers principes de la

pierre des Philosophes sont repre-
sentées par les uns en diverses figures d'animaux, & par les autres ils sont décrits en termes é-
quivoques & allegoriques ; cependant ces figures, ces équivoques
& ces allegories sont toûjours é-
claircies, ou par les mêmes Philosophes, ou par d'autres qui ont
esté moins reservez sur ce point,
ou moins scrupuleux. Les modernes, comme le Cosmopolite, Despa-
gnette & Philalette ont assez clairement fait entendre les premiers
agens, mais touchant leur veritable preparation, ils nous ont jetté
dans des labirinthes, d'où l'on
ne peut sortir heureusement. Basile Valentin est celuy de tous les
Philosophes, qui nomme comme
j'ay dit, plus clairement & sans
équivoque les premiers principes
de l'Oeuvre, il les appelle de leur
propre nom, & ne cache que la
maniere de les corrompre, & d'u-
nir leur ame & leur esprit, qui
produisent ensemble le Mercure

des Philosophes ; vous verrez cela dans les endroits que j'ay citez cy-dessus, sans qu'il soit besoin de le repeter.

Flamel dit que les premiers agens, que les Philosophes ont cachez, sont les deux Serpens qui s'entretuant, s'étouffent dans leur propre venin, qui les change aprés leur mort en une eau vive & permanante. Arnaud de Ville-Neuve dans sa Lettre au Roy de Naples, appelle la matiere prochaine de l'air & du feu des Philosophes, le composé ou la pierre qui contient une humidité qui courre dans le feu, remarquez bien cela ; car les enfans de la science & de la sagesse doivent le trouver fort intelligible, c'est là cette pierre, qui n'est pierre que par ressemblance, & non par nature ; mais ny Arnaud, ny aucun Philosophe n'a voulu décrire precisément les simples qui font cette admirable composé. Les uns disent qu'il est fait de deux, les autres assurent que c'eſt une aſſemblage de trois natures differentes, mais d'une même origine, & d'autres écrivent qu'il y a quatre Agens qui font tout le compoſé ; cependant il eſt certain qu'ils ont tous dit la verité ſous divers égards, mais je trouve que Paracelſe eſt celuy de tous, qui comprend en moins de mots tout le Magiſtere de l'Art·

Physicorum tinctura materia (dit-il) *eſt quadam res, quæ quidem ex tribus eſſentiam unam arte Vulcani tranſit.* Et immediatement aprés il ajoûte, que cette matiere ou ce compoſé peut eſtre tranſmué en aigle blanc par le ſecours de la nature, & par l'adreſſe de l'Artiſte ; voilà le grand point, il a beaucoup dit juſques-là, & s'il avoit voulu, il auroit pû achever en deux paroles, mais c'eſt ſurquoy tous les Philoſophes ſe ſont condamnez au ſilence ; de ſorte que Paracelſe ſe contente, de conſeiller de prendre ſeulement le ſang du Lion & la glu de l'Aigle.

Il me seroit aisé d'écrire un vo-
lume entier touchant la concor-
dance des Philosophes à l'égard
des premiers Agens ; mais je crois
que vous ne trouverez pas mau-
vais, que pour le present, je n'en
dise pas davantage. J'ajoûterai seulement ces paroles de l'Abbé Sinesius. La matiere des Philosophes
est de telle sorte qu'elle tient le
milieu entre le métail & le Mercure, elle est en partie fixe, & en
partie non fixe ; autrement elle ne
tiendroit pas le milieu entre les
métaux & le Mercure. Voilà une
tres-belle description du composé
des Philosophes, qui renferme
dans son cœur l'eau & le Mercure Philosophique ; mais pour vous
dire encore quelque chose de plus
particulier, je vous feray remar-
quer, que comme le composé, qui
est la premiere eau, ou la premiere humidité des Philosophes, se
fait par la destruction des corps ;
de même l'eau qui est l'ame, l'esprit & l'essence du composé, ne

peut s'extraire qu'aprés la deſtru-
ction du même compoſé. Remarquez bien cecy ; car c'eſt ce qui eſt
la ſeconde Clef de l'Oeuvre , le
miſtere des miſteres, & le point
eſſentiel de cette ſacrée ſcience.
C'eſt ce qui ouvre les portes de la
Iuſtice & les priſons de l'enfer ,
dit le Coſmopolite. Enfin c'eſt
par le moyen de cette operation
qu'on voit couler du pied du roſier
fleuri , cette precieuſe fontaine dans
laquelle les ſeuls Philoſophes ont
le bonheur de puiſer cette celeſte
liqueur.

Comme donc ce point qui regarde la ſeconde preparation de
la matiere, & qui renferme le ſecret du Mercure Philoſophique ,
eſt le plus important de tous, c'eſt
auſſi celuy dont les Philoſophes ont
eſté les plus jaloux. Paracelſe ne
dit autre choſe ſur ce ſujet, ſinon,
que l'Artiſte compoſe certains ſim-
ples, & qu'aprés les avoir corrom-
pus , ſelon leur exigence , il en
prepare une autre choſe , laquelle

devient enfuite un eſtre, qui a plus de puiſſance que la nature même n'en a. Ce ſont là les deux premieres operations bien marquées ; çe ſont les deux premiers tours de rouë, qui en contiennent chacun trois ; il ne reſte plus que le troiſiéme tour, qui ſelon le dire des Philoſophes, n'eſt qu'un jeu de femmes ; c'eſt pourquoy je ne vous en diray rien, les Livres en traitent ſuffiſamment, il vaut mieux que je m'arreſte encore à ce ſecond tour de rouë, & à cette extraction de l'air de l'air, ſelon Ariſtée. Cet air de l'air eſt le feu, l'eau & la terre des Philoſophes, & tout cela n'eſt qu'une ſeule choſe tirée du compoſé auſſi bien que des rayons du Soleil & de la Lune, c'eſt ce qui luy donne ces quatre natures élementaires, entre leſquelles excellent ſeulement les deux qualitez actives, ſçavoir le chaud & l'humide, qui font toute ſa fecondité.

J'ay encore à vous dire un grand

ſecret , qui eſt , que cet air & ce
Mercure des Philoſophes , n'eſt
pas un veritable Mercure en toutes choſes, c'eſt à dire, ny en ſes
qualitez exterieures , veu que c'eſt
une eſſence mercurielle , ni en ſes
qualitez exterieures , veu que c'eſt
un feu devorant , & le plus actif
de tous les Agens ; c'eſt un air é-
paiſſi , duquel non ſeulement tous
les metaux (remarquez bien cecy)
mais encore tous les Mercures des
metaux ſont engendrez.　Voilà un
grand miſtere, Monſieur, que vous
ne trouverez point ſi clairement
développé dans aucun Philoſophe:
auſſi ce ſeroit m'expoſer à leur ana-
théme , que d'en dire davantage.
Vous voyez donc que le plus grand
de tous les miſteres Philoſophiques,
c'eſt de ſçavoir puiſer cet air, ou
cette ſubſtance aëriene, dont les
vertus ſont inenarrables ; c'eſt auſſi
ce qui fait dire à Ariſtée.
Ignorato ſiquidem quomodo piſcatur
Aër, impoſſibile eſt, quòd acquira-
tur, &c.

Le Cosmopolite dit la même chose en d'autres termes. Qu'il faut sçavoir cuire l'air, jusques à ce qu'il soit fait eau, & ensuite non eau ; cela se trouve manifestement veritable dans l'operation de ce mistere, que la varieté des expressions Philosophiques ont rendu impenetrable ; *hauritur miris modis*, dit le Cosmopolite, & cependant je vous dis en verité que c'est un procedé purement naturel, auquel l'Artiste peut moins faillir qu'en toute autre operation. Je veux bien encore vous developer un autre mistere, Monsieur, avec cette sincerité Philosophique qui se pratique de frere à frere. Vous trouverez sans doute que c'est beaucoup dire, & même beaucoup plus que n'en ont dit tous les Philosophes. Je vous diray donc sur ce point qu'outre les raisons que vous sçavez que les sages ont eu, pour ne pas reveler les secrets de la sagesse aux sots & aux méchans ; ils en ont eu une toute particuliere,

& fort secrete, sçavoir que le plus grand de leurs misteres, n'est en effet mistere, que parce qu'ils l'ont voulu rendre misterieux ; car les enfans de l'Art, qui feront reflexion sur la possibilité de la nature, & qui ne se laisseront pas aller à de vaines subtilitez, verront ce mistere à découvert par tout ailleurs, que dans les Livres des Philosophes. Ils trouveront en mille endroits cette maniere naturelle de vivifier les principes en une seule essence, qui fait ensuite d'elle même, & qui accomplit le grand Oeuvre, par l'aide d'un feu gradué, qui en est la nourriture.

Je m'assure, Monsieur, que vous serez satisfait, des importantes veritez que je viens de vous dire ; & je m'assure aussi que vous avoüerez qu'elles sont tres-solides, si aprés avoir reconnu les principes de cette sacrée science, & aprés avoir fait cet admirable composé, qui tient le milieu entre le metal, & le Mercure ; vous voulez bien vous arrester dans la simplicité de la Nature , & considerer sa possibilité, comme j'ay dit, sans vouloir estre trop sage. J'espere que par ce moyen vous aurez l'accomplissement du Magistere, ou du moins vous en approcherez de si prés , qu'un tour de main pourra perfectionner l'ouvrage.

Mais de peur que vous ne me croyez, Monsieur , aussi envieux que les plus reservez des Philosophes , je veux bien vous faire faire sur ce sujet une autre remarque , qui seule peut contribuer autant que tout ce que je viens de dire, à dissiper les nuages qui envelopent ce procedé mistericux : c'est que les Auteurs vulgaires , qui font plusieurs operations sur la même matiere des Philosophes , ne sont en aucune façon mistericux sur ce point ; parce qu'ils ne connoissent pas ce qu'ils tiennent en leurs mains , pour estre ce qu'il

est en effet ; de sorte qu'ils en
montrent assez aux Philosophes,
qui pénétrent d'eux-mêmes dans
la profondité des secrets de la nature, & s'il manque quelque degré de perfection à ce que ceux-
là enseignent, le sage sçait y su-
pléer de luy-même. Les Auteurs
vulgaires ne font pas cette importante reflexion, sçavoir, que
les Philosophes disent, que leur
Mercure est un tres-grand venin, qui neanmoins par la décoc-
tion, devient une excellente medecine.

Vous devez, Monsieur, aprés
cela estre content de moy ; puis
qu'on ne peut guere parler, ny
plus sincerement, ny plus intel-
ligiblement ; je veux toutefois
tascher de me faire encore mieux
entendre par ces paroles essen-
tielles de l'Abbé Sinesius, qui
dit, que le Mercure des Philosophes n'est point le Mercure du
Vulgaire, ny du Mercure du Vulgaire en tout ; & moy pour par-

ler beaucoup plus clairement que
luy, je vous dis, qu'il n'est pas
non plus le Mercure d'aucun metal ; mais le Mercure des Mercures des metaux ; l'eau Pontique,
le vin aigre tres-aigre, le feu,
& l'humeur visqueuse des Philosophes.

Je vais finir, Monsieur, par une
reflexion qui n'est guere moins
importante que les precedentes,
sçavoir, que le Mercure du Vulgaire, quelque animé qu'il puisse estre de soulfre metallique, ne
peut jamais estre le Mercure des
Philosophes, tant qu'il est veritablement Mercure. Remarquez
bien ce que je dis, il n'est point
en cette qualité la premiere matiere des metaux ; il est veritablement un des sept, & tout ce que
le plus grand Artiste en poutra
produire, ne sera jamais qu'un
metal, ou un precipité inutile,
& non une teinture fondante,
penetrante, & fixe. Le Mercure
tant qu'il est Mercure, est toû-

jours froid & humide , bien loin
d'eftre ce feu devorant qui dé-
truit tout ce qui luy refifte. Me-
ditez , s'il vous plaift , fur toutes
ces confiderations , & fouvenez-
vous que felon les Philofophes ,
leur Mercure a fes propres mi-
nieres , d'où ils le tirent , & cependant il eft originairement dans
une feule chofe, c'eft à dire, dans
ce compofé , & dans cette pierre
d'Arnaud de Ville-Neuve , qui
contient cette humidité , qui
noircit , qui blanchit , qui rou-
git , & qui parfait l'Oeuvre , lors
qu'elle a receu la force des puiffan-
ces celeftes.

Il eft temps que je finiffe , vous
trouverez vous-même qu'en voilà bien affez, puifqu'en voilà plus
qu'aucun Philofophe en particulier , ny plufieurs Philofophes
enfemble , n'en ont jamais dit ;
vous tomberez même d'accord,
qu'outre que j'ay parlé intelligi-
blement, j'ay de plus parlé dans
l'ordre naturel des operations, ce
qui

qui ne se trouve pas dans les livres ; de sorte que *filiis artis hæc suffi- ciunt* ; je souhaite de tout mon cœur, que vous en puissiez faire un bon usage , & que vous ayez lieu d'estre entierement persuadé, qu'on ne peut estre avec plus de sincerité, ny plus d'estime vraymcnt philosophique, que je suis , Mon- sieur , Vostre tres-humble, & tres- obeissant Serviteur.

à........le 9. de May 1686.

Verba Aristei Patris ad Filium, ex caractere & idiomate Schitico, Latino Rithmo donata.

1. **R**Erum tibi omnium jam cognitione
Explanatâ , vivendi atque ratione
Gubernandi, optimâ cum Philosophiâ.

2. Traditâque verâ mundi Menarchiâ.

3 Solum mihi subsunt claves naturæ,
Quæhucusque, fili mi, erant mihi curæ,

Traduction des paroles d'Aristée à son Fils, faite sur la prose rimée Latine, qui a esté composée sur une Copie écrite en caractere, & en langue Schite.

1 MOn Fils, aprés t'avoir donné la connoissance de toutes choses, & t'avoir apris comment tu dois vivre, & de quelle maniere tu dois regler ta conduite par les maximes d'une excellente Philosophie;

2 Aprés t'avoir instruit aussi de tout ce qui regarde l'ordre & la nature de la Monarchie de l'Univers.

3 Il ne me reste autre chose à te communiquer, que les clefs de la nature, que j'ay jusques icy conservées avec un tres-grand soin.

4 *Harum clavis aurea possidet pri-*
matum
Cæterarum omnium, quæ pandit
serratum,
Ipsa fons operis universalita-
tis,
In qua magnum dicitur donum
divinitatis,

5 *Vilescunt divitiæ, cum hæc possi-*
deatur,
Nullus cum hac thesaurus un-
quam comparatur.

6 *Quid mihi divitiæ languore con-*
sorte,
Quid Thesauri prodexunt, si op-
primar morte.

7 *Dum morte corripior, Thesau-*
ros relinquo,

8 *Dum Clavem teneo, mors erit*
è longinquo.
Dum Clavem possideo, habeo

4 Entre toutes ces clefs, celle qui
ouvre le lieu fermé , tient
sans difficulté le premier rang ;
elle est la source generalement de toutes choses , & l'on
ne doute point que Dieu
ne luy ait particulierement
donné une proprieté toute Divine.

5 Lors qu'on est en possession
de cette clef , les richesses de-
viennent méprisables ; d'autant qu'il n'y a point de Tresor , qui puisse luy estre com-
paré.

6 En effet dequoy servent les richesses , lors qu'on est sujet à
estre affligé des infirmitez hu-
maines ? à quoy sont bons les
tresors , lors qu'on se voit ter-
rassé par la mort ?

7 Il n'y a point de richesses qu'il ne
faille abandonner , lors que la
mort se saisit de nous ;

8 Il n'en est pas de même , quand
je possede cette clef ; car pour
lors je vois la mort loin

secretum.

Dum secretum teneo, nullum
timeo metum.

9 *Præsto sunt divitiæ, non desunt*
  thesauri.

  Fugit langor, tardat mors, cap-
  ta clavi auri.

10 *Hujus nunc, fili mi, faciam te*
   hæredem,

   At per Deum obtestor, sanctam
   ejus sedem;

   Eam ut in Scrinio cordis obsig-
   natam,

   Sigilloque silentii teneas cela-
   tam.

11 *Ipsa si utaris, te large ditabit.*
   Senex, æger si fueris, sanabit
   levabit, novabit.

12 *Ipsa cunctos propria vi curat*
   languores;

   Metalla illuminat, beat pos-

de moy, & je suis asseuré que j'ay en mon pouvoir un secret qui m'ôte toute sorte de crainte.

9 J'ay les richesses à commandement, & je ne manque point de Tresor ; la langueur fuit devant moy, & je retarde les approches de la mort, lors que je possede la clef d'or.

10 C'est de cette clef, mon Fils, que je veux te faire mon heritier ; mais je te conjure par le nom de Dieu, & par le lieu Saint qu'il habite, de la tenir enfermée dans le cabinet de ton cœur, & sous le sceau du silence.

11 Si tu sçay t'en servir, elle te comblera de biens, & lors que tu feras vieux ou malade, elle te rajeunira, te soulagera, & te guerira :

12 Car elle a la vertu particuliere de guerir toutes les maladies, d'illustrer les métaux, & de

seffores.

13 *Hæc eft pro qua Patres noftri ad-*
     juraverunt,
   Iuramenti vinculo , quamque
     commendaverunt :
14 *Eam ergo difcito ; egeno , pu-*
     pillo,
   Semper bene facito , hoc fit pro
     figillo.

15 *Cuncta , qua fub Cælo funt , in*
     formas diftracta ,
   Ex uno principio exiftunt com-
     pacta ;
   Ab uno principio cuncta prodie-
     runt ,
   Aëris ex rivulo cuncta finxe-
     runt.
16 *Alimenta omnia fontem atte-*
     ftantur ;
   Cum ex eo vivant res , unde
     oriantur.

17 *Pifcis aquâ fruitur, infans Ma-*
     trem fugit,

rendre

rendre heureux ceux qui la pos-
sedent.

13 C'est cette clef que nos Pe-
res nous ont si fort recom-
mandée sous le lien du ser-
ment.

14 Apprend donc à la connoître, & ne cesse point de faire du bien au pauvre, & à
l'orphelin, & que c'en soit-
là le sceau & le veritable caractere.

15 Tous les estres qui sont sous le
Ciel divisez en especes differentes, tirent leur origine d'un
même principe, & c'est à l'air
qu'ils doivent tous leur nais-
sance, comme à leur principe
commun.

16 La nourriture de chaque chose fait voir quel est son principe ; puisque ce qui soutient
la vie, est cela même qui donne l'estre.

17 Le poisson joüit de l'eau, &
l'enfant tette sa mere : l'arbre

Absit humor arbori, fructus li-
gni fugit.

18 Per vitam principium cognoscitur rerum.

Vita rerum aër est, ergo principium rerum.

19 Ad hæc Aër omnium corpora
corrumpit,

Qui vitam dono dat, vitam
quoque rumpit,

20 Ligna, ferrum, lapides igne
solvuntur,

Inque statum primum cuncta re-
diguntur.

21 Ast eadem causa est generationis,
Qua, quam id variè, est cor-
ruptionis.

22 Demum quando contingit Crea-
turas pati,

Vel aliquo tempore, vel defectu
fati,

Aër illis subvenit, Aëre sanan-
tur;

Sive imperfecta sint, sive infir-
mantur.

23 Languet terra, Arbor, Herba
ob ardorem,

ne produit aucun fruit lorsque
son tronc n'a plus d'humidité.

18 On connoist par la vie le principe des choses, la vie des
choses est l'air, & par consequent l'air est leur principe.

19 C'est pour cela que l'air cor-
rompt toutes choses, & comme il leur donne la vie, il
la leur ôte aussi de même.

20 Les bois, le fer, les pierres
prennent fin par le feu, &
enfin toutes choses sont re-
duites en leur premier estat.

21 Mais telle qu'est la cause de la
corruption, telle l'est aussi de
la generation.

22 Quand par diverses corruptions
il arrive enfin que les creatures souffrent, soit par le temps
ou par le defaut du sort, l'air
leur survenant les guerit aussi-
tost, soit qu'elles soient impar-
faites, ou languissantes.

23 La terre, l'arbre, & l'herbe lan-
guissent par l'ardeur de trop

Reparantur singula per Aëris ro-
rem;

24 Reparari attamen ulla Creatura
Cum nequeat , propria nisi in
natura :
Cum aër sit omnium fons origi-
nalis;
Consequenter quoque est fons
universalis.

25 In hoc ipso omnium rerum se-
men, vita,
Mors, languor, remedium ag-
noscuntur sita.

26 Omnes item Thesauros natura
inclusit
In hoc , atque foribus propriis
conclusit :

27 Est clavis aurea scire aperire
Fores , & de aëre aërem hau-
rire :

8 Ignorato siquidem quomodo pis-
catur
Aer , impossibile est quod acqui-
ratur
Id , quod morbos singulos , &
universales
Sanat , quoque in vitam revo-
cat mortales :

de secheresse, mais toutes choses sont reparées par la rosée de l'air.

24 Toutefois comme nulle creature ne peut estre reparée & rétablie qu'en sa propre nature, l'air estant la fontaine & la source originelle de toutes choses, il en est aussi pareillement la source universelle.

25 On voit manifestement que la semence, la vie, la mort, la maladie & le remede de toutes choses sont dans l'air.

26 La nature y a mis tous ses tresors, & les y tient renfermez comme sous des portes particulieres & secrettes.

27 Mais c'est posseder la clef d'or, que de sçavoir ouvrir ces portes, & puiser l'air de l'air.

28 Car si l'on ignore comment il faut puiser cet air, il est impossible d'acquerir ce qui guerit generalement toutes les maladies, & qui redonne la vie aux hommes.

29 Nam communem fontem debes
   indagare ;
   Si omnes morbos cupis persa-
   nare.

30 Ex simili simile natura produ-
   cit ,
   Et natura naturam natura
   conducit.

31 Disce ergo , fili mi , aerem captare.
   Disce clavem auream natura
   servare.

32 Noscere aerem possunt creaturæ
   At captare aerem , clavis est natura.

33 Secretum hoc magnum est , ♂
   super humanum ,
   Ex aere sumere cœleste arca-
   num.

34 Secretum hoc magnum est , vis
   insita rebus ;
   Captivantur natura suis specie-
   bus.

35 Piscis pisce capitur , volucris-

29 Si tu desires donc de chaf-
ser toutes les infirmitez , il
faut que tu en cherche le
moyen dans la source generale.

30 La nature ne produit le femblable , que par le femblable , &
il n'y a que ce qui eft conforme
à la nature qui peut faire du
bien à la nature.

31 Apprends donc, mon Fils, à
prendre l'air ; apprends à con-
ferver la Clef de la nature.

32 Les Creatures peuvent bien
connoiftre l'air; mais pour prendre l'air, il faut avoir la clef de
la nature.

33 C'eft veritablement un fecret qui
paffe la portée de l'efprit de
l'homme, fçavoir tirer de l'air,
l'Arcane Celeste.

34 C'eft un grand fecret de comprendre la vertu que la nature
a imprimée aux chofes. Car les
natures fe prennent par des natures femblables.

35 Un poiffon fe prend avec un

que avi ;
Aër quoque capitur aere suavi.

36 Nix, glacies aer sunt, quas fri-
gus gelavit ;
Has captando atri natura pa-
ravit :
37 Pone horum alterum in vas si-
gillatum,
Et capies aerem circa congela-
tum,
Hunc excipe altero vasculo profundo,
Distillantem obstricto, spisso,
forti mundo,
In calido tempore, ut radios solis
Aut lunares, facere ut velis.
38 Cum vas plenum fuerit, os bene
sigilla ;
Ne fugiat in auras cœlestis fa-
villa.

39 Quot vasa volueris implere,
impleto.
Quod feceris posteà. Disce &
juleto.

poisson ; un oiseau avec un oiseau ; & l'air se prend avec un
autre air , comme avec une dou-
ce amorce.

36 La neige & la glace sont un air
que le froid a congelé, la nature
leur a donné la disposition qu'il
faut pour prendre l'air.

37 Mets une de ces deux choses
dans un vase fermé. Prend l'air
qui se congele à l'entour pendant un temps chaud, recevant
ce qui distille dans un vaisseau
profond , étroit , épais , fort &
net, afin que tu puisse faire comme il te plaira , ou les rayons du
Soleil, ou de la Lune.

38 Lors que tu en auras rempli un
vase , bouche le bien , de peur
que cette celeste éteincelle, qui
s'y est concentrée , ne s'envole
dans l'air.

39 Emplis de cette liqueur autant
de vases que tu voudras ; écoute
ensuite ce que tu en dois faire,
& garde le silence.

40 *Extrue fornaculam , vasculum*
    aptato
Semiplenum aere captato , sigil-
    lato ,
41 *Inde Ignem excita , fumi ascen-*
    dat pura
Pars levior sæpius , ut facit na-
    tura ,
Quæ ignem in medio terræ sem-
    per fovet ,
Quo vapores aeris semper cir-
    culando movet.
42 *Ignis illi lenis sit , & humidus ,*
    suavis.
Similis , quo insidens fovet ova
    avis ;
43 *Quem ita continua sustinens*
    constructum ,
Ne comburat , sed coquat ae-
    reum fructum ;
Donec longo tempore motu agi-
    tatus ,
In profundo vasculi quiescat
    assatus.
44 *Adde huic aeri aerem recentem ,*
Non adeo plurimum , sed partem
    decentem.

40 Bâtis un fourneau, places y un petit vase moitié plein de l'air que tu as pris, & scelle le exactement.

41 Allume ensuite ton feu, en sorte que la plus legere partie de la fumée monte souvent en haut, & que la nature fasse ce que fait continuellement le feu central au milieu de la terre, où il agite les vapeurs de l'air, par une circulation qui ne cesse jamais.

42 Il faut que ce feu soit leger, doux & humide, semblable à celuy d'un oiseau qui couve ses œufs.

43 Tu dois continuer le feu de cette sorte, & l'entretenir en cet étar, afin qu'il ne brûle pas ; mais plûtost qu'il cuise ce fruit aërien, jusques à ce qu'après avoir esté agité de mouvement pendant un long-temps, il demeure entierement cuit au fond du vaisseau.

44 Ajoûte en suite à cér air un nouvel air, non en grande quantité ; mais autant qu'il luy en faut.

45 *Fac liquefcat leviter, putrefcat.*
   nigrefcat,
   Indurefcat, coalefcat, fixufque
   rubefcat.

46 *Dein pura ab impurâ fegregatâ*
   parte
   Ignis minifterio, divinâque
   arte ;

47 *Crudi tandem aeris fume par-*
   tem puram,
   Cum qua puram iterum junge
   partem duram.

48 *Diffolvantur, jungantur, le-*
   viter nigrefcant,
   Dealbentur, durefcant, demum-
   que rubefcant.

49 *Hic eft finis operis ; elixir fe-*
   cifti,
   Faciens miracula cuncta qua
   vidifti.

50 *Habes clavem auream, pota-*
   tabile aurum,
   Medicinam omnium, perennem
   Thefaurum.

FINIS.

45 Fais en sorte qu'il se liquefie doucement, qu'il se pourrisse, qu'il noircisse, qu'il durcisse, qu'il s'unisse, qu'il se fixe, & qu'il rougisse.

46 Ensuite la partie pure estant séparée de l'impure, par le moyen du feu, & par un artifice tout divin.

47 Puis tu prendras une partie pure d'air crud, que tu méleras avec la partie pure qui a esté durcie.

48 Tu auras soin que le tout se dissolve & s'unisse, qu'il devienne mediocrement noir, blanc, dur, & enfin parfaitement rouge.

49 C'est icy la fin de l'Oeuvre, & tu as fait cet elixir qui produit toutes les merveilles que tu as vûës.

50 Et tu possedes par ce moyen la clef d'or, l'or potable, la medecine universelle, & un tresor inépuisable.

F I N.